이 태희

꽃 트럭

애지디카시선 006

꽃 트럭

2023년 10월 10일 초판 1쇄 발행

지은이 이태희
펴낸이 윤영진
기획편집 함순례
홍 보 한천규
펴낸곳 도서출판 애지
등록 제 2005-000005호
주소 34570 대전광역시 동구 대전천북로 12
전화 042 637 9942
팩스 042 635 9941
전자우편 ejiweb@hanmail.net
ⓒ이태희 2023
ISBN 979-11-91719-16-1   03810
* 저자와의 협의에 의해 인지를 생략합니다.
* 이 책 내용의 전부 또는 일부를 재사용하려면 저자와 애지 양측의 동의를 받아야 합니다.

에지디카시선 006

꽃 트럭

이태희 디카시집

시인의 말

숱하게 초상권을 침해했다
하늘과 달과 나무와 꽃과 온갖 사물들
한 푼의 모델료도 주지 않았다

풍경을 담으며 행복했다
말들을 고르며 즐거웠다

그 행복과 즐거움
꽃 트럭에 가득 실어 보낸다

      2023년 가을, 이순(耳順)에
        이태희

■ 차례

시인의 말 005

제1부 봄 편지

첫사랑 012
열창 014
꽃 트럭 016
길은 나무다 1 018
길은 나무다 2 020
산통産痛 022
존재의 이유 024
오늘도 걷는다 026
숨구멍 028
봄 편지 030
구공탄 032
난쟁이붓꽃 034
눈은 살아 있다 036
해후邂逅 038

제2부 동행

일출 042
목련꽃 그늘 아래 044
어쩌다 물 한번 046
정박碇泊 048
동행 1 050
동행 2 052
동행 3 054
맨발 결의 056
짝 058
시습時習 060
수레바퀴 앞에서 062
두더지 바위 064
세멜레 066
고사목枯死木 068

제3부 명상

풍경 072
뒷모습 074
감 076
분꽃 078
근심 080
꽃 진 자리 082
명상 084
그림자 086
이순耳順 088
모래 090
안간힘 092
빈집 094
갯골 096

제4부 여백

땅 100
호모 데우스 102
재 104
몽둥발이 106
기억하라 108
무죄 110
누추 112
여백餘白 114
겨우살이 116
황혼 118
막다른 길 120
도장꽃 122
자전거 124
잘 가라 126

제1부 봄 편지

첫사랑

지리산 화엄사

은은한 풍경소리

점점 돋아나는 홍매

시나브로

마음이 붉어진다

열창

그것은
숨길 수 없는 노래

마른 가지에
터져 나오는
핏방울

꽃 트럭

그래그래

꽃 싣고 가자

무기 말고

군인 말고

호미 싣고

꽃 태우고 가자

길은 나무다 1

밭으로 뻗어가고

집으로 이어진

길은 나무다 2

숲에서 나와

바다로 가는

산통產痛

한 생명이 나온다

한 생명의 껍질을 뚫고 나온다

존재의 이유

한 뼘씩 자란다

네게 닿을 때까지

오늘도 걷는다

너는 물길을 뚫고

나는 바람을 찢고

숨구멍

그래
언 가슴에도

숨구멍
하나는 있어야겠다

봄 편지

동강동강 새순을 자른

미안한 마음 누르며

그대에게 보낸다

알싸한 봄을

구공탄

얼마나 애를 태웠기에

이십이공탄이 되었을까

난쟁이붓꽃

몰랐어

네 슬픔의 뿌리가

이렇게

깊은 줄

눈은 살아 있다

떨어진 눈은 살아 있다

죽음을 잊어버린 영혼과 육체를 위하여*

부릅뜬 눈은 살아 있다

밤새도록 기다린 너를 바라보기 위하여

* 김수영 「눈」에서

해후邂逅

서로

다른 길을 걸어와

완벽하게

하나가 되는

이 순간

제2부 동행

일출

무엇이 이들을 모이게 하는가

무엇이 이들을 들뜨게 하는가

무엇이 우리를 뜨겁게 하는가

목련꽃 그늘 아래

베르테르의 편지를

읽지 않아도 좋아라

친구와 함께라면

어쩌다 물 한번

고맙다

어쩌다 물 한번

주지 못했는데

정박碇泊

서로

기대어

기다리는

휴식

동행 1

끼럭끼럭

따라오냐

끼럭끼럭

따라가요

동행 2

망망대해

헤쳐간다

노가 없어도

삿대 없어도

동행 3

그래 가자

너도 가자

함께 가자

맨발 결의

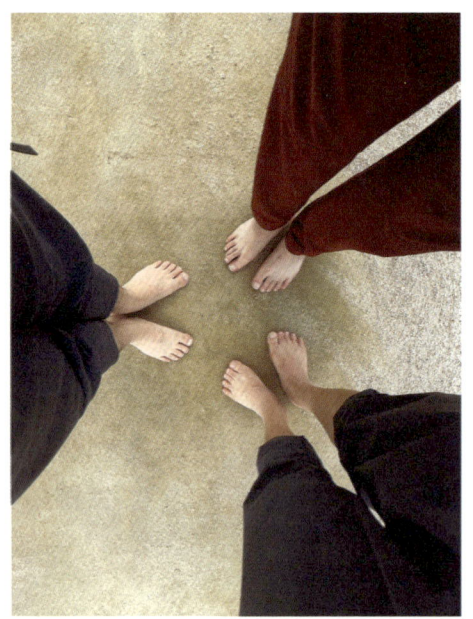

두고 가자

맨땅에

맨발로

맨몸으로

짝

고무신 두 짝

꽃신 두 짝

시습時習

네가 오는 날

나도 피려고

수레바퀴 앞에서

혼자가 아니야

굴러야 살고

굴러야 죽는

열여덟 바큇살

두더지 바위

그래

힘들 때는

움직이지 말자

세멜레

눈부서

당신을 볼 수 없습니다

마주한 순간

몸도 마음도 숯이 되었습니다

*세멜레: 그리스신화에 등장하는 제우스의 연인 중 하나. 헤라의 말에 속아 제우스 본디 모습을 본 순간 광휘에 타 죽음. 죽어가는 세멜레 몸속의 태아를 제우스가 꺼내어 자신의 허벅지에 넣고 길러 태어난 신이 디오니소스임.

고사목枯死木

늙어서도 죽지 않는다

죽어서도 늙지 않는다

제3부 명상

풍경

두고 온 바다

온종일 바라본다

언제 돌아갈 수 있을까

뒷모습

너의
맑은 뒤태

내 안이
환하다

감

씨 속에

나무 있다

내 안에

무엇이 있을까

분꽃

내가 두 얼굴이라고?

잘 봐~

넌 천 개의 얼굴이야!

근심

꽃이 분분한데

나비 언제 오나
꽃은 언제 지나
열매 언제 맺나

어린것 언제 먹이나

꽃 진 자리

꽃들은 겸손하다

퍼도 말이 없고

져도 말이 없다

명상

어둠에 대하여

빈자리에 대하여

끝없이 변하는

내 마음에 대하여

그림자

너는 누구인가

나는 누구인가

이순耳順

늙어간다

익어간다

모래

몰랐지?

내가

보석이라는 걸

안간힘

떨어지면 안 돼

다시 오르려면

하루가 지날 거야

빈집

기다리지 못해 떠난다

줄줄이 그리움 걸어놓고

갯골

네가 떠난 곳으로

길을 만들며

네게 닿을 때까지

제4부 여백

땅

사람에게는

얼마나 많은 땅이 필요한가*

씨앗 썩어

뿌리 내리고

꽃피울 만큼

*톨스토이 단편집 『사람은 무엇으로 사는가』 중에서

호모 데우스

〈신은 자연을 만들고

인간은 도시를 만들었다〉는

어느 시인의 말은 수정되어야 한다

인간은 우주를 경영하고

신은 해고됐다

재

한 세상 풍미한
나선형 우주의 끝

수천의 별들이 모여
아침을 맞는다

몽둥발이

고압선이 지나는

버티고개 삼거리

손가락 모두 잘린

몽둥발이로

이 봄을 버틴다

기억하라

눈이 내렸어

기억이 지워지고
발길도 뜸해지고

눈이 휘몰아쳤어

잊지 말라고
기억하라고

무죄

임란 때 일본으로 실려 간
창덕궁 와룡매
사백 년 만에 환국하여
안중근의사당 앞마당에
꽃을 피웠다

꽃은 무죄다

누추

떨어져야 할 때 떨어지지 않는 것

물러나야 할 때 물러나지 않는 것

떠나가야 할 때 떠나가지 않는 것

여백餘白

비어서 아름답다

겨우살이

얹혀 사는 집에

푸짐한 선물입니다

황혼

네가

오지 않는 저녁

온통

피멍이 든다

막다른 길

막힌 길이 아니야
막 다다른 길이야

집으로 이어진
길의 우듬지

도장꽃

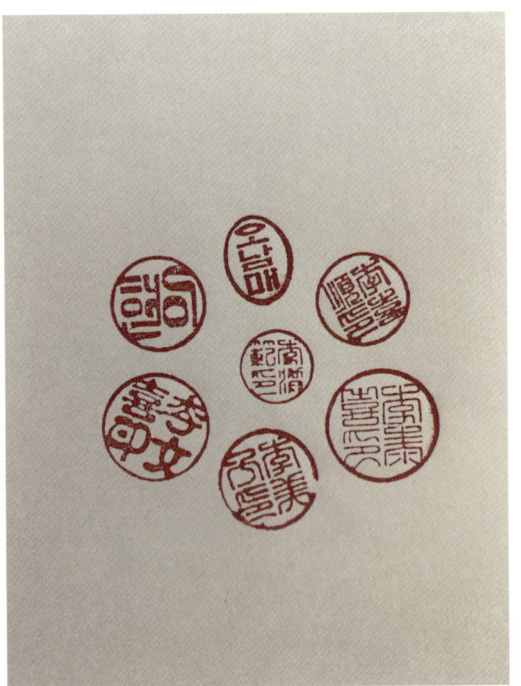

어머니 돌아가시고

아버지 둘레로

오남매 모였습니다

큰딸 큰아들 작은딸 작은아들 막내아들

둥글게 앉았습니다

자전거

오늘은

네가

주인공

잘 가라

내 눈을

대신하던

나의

연인들아

애지 디카시선

허수아비는 허수아비다	복효근 디카시집
고단한 잠	김남호 디카시집
우주정거장	이시향 디카시집
무죄	오정순 디카시집
가장 좋은 집	박해경 디카시집
꽃 트럭	이태희 디카시집